Karsten Tischer

Die Symbolik der Schauplätze in Gottfried Kellers 'Pankraz, der Schmoller'

GRIN Verlag

Bibliografische Information der Deutschen Nationalbibliothek:

Die Deutsche Bibliothek verzeichnet diese Publikation in der Deutschen National-
bibliografie; detaillierte bibliografische Daten sind im Internet über http://dnb.d-
nb.de/ abrufbar.

Impressum:

Copyright © 2006 GRIN Verlag GmbH
Druck und Bindung: Books on Demand GmbH, Norderstedt Germany
ISBN: 978-3-640-45197-5

Dieses Buch bei GRIN:

http://www.grin.com/de/e-book/110229/die-symbolik-der-schauplaetze-in-gottfried-
kellers-pankraz-der-schmoller

Die Symbolik der Schauplätze in Gottfried Kellers „Pankraz, der Schmoller"

von

Karsten Tischer

Proseminar:
Gottfried Keller: Die Leute von Seldwyla
WS 2005/2006

**Die Symbolik der Schauplätze
in Gottfried Kellers „Pankraz, der Schmoller"**

Karsten Tischer

Deutsch, Englisch

Inhalt

1 Einleitung

Man sagt, dass einen Menschen nicht nur das menschliche Umfeld, in dem er aufwächst, sondern auch das natürliche Umfeld entscheidend prägt. Das wusste auch Gottfried Keller. So schickt der Schweizer seinen Landsmann Pankraz auf große Weltreise, um ihn zu ‚bekehren' und so zu einem besseren Menschen zu machen.

Dabei sind die Schauplätze nicht nur bloße Hintergrundfassade, sondern für die Entwicklung enorm wichtig. Erscheinungen in ihnen wirken dabei oft wie Vorhersehungen in die Zukunft. Auch geben sie häufig die sich gerade vollziehende Handlung bildlich wieder.

Nun soll geklärt werden, warum Keller gerade diese Orte für die Geschichte wählte. Für was standen diese Orte zur damaligen Zeit und welchen Einfluss haben sie auf den Titelhelden? Was tragen sie zum Verständnis bei?

2 Seldwyla – Mehr Schein als Sein

In dieser kleinen Stadt „irgendwo in der Schweiz"[1] nimmt alles seinen Anfang. „Schön ist sie gelegen, mitten in grünen Bergen, die nach der Mittagseite zu offen sind, so daß wohl die Sonne herein kann".[2] Umgeben wird sie von „alten Ringmauern und Türmen".[3] Diese einmalige Idylle wird zusätzlich von der Bedeutung ihres Namens unterstrichen. So stammt das Wort ‚sælde' aus dem Mittelhochdeutschen und heißt soviel wie ‚Glück, Wonne, Güte'.[4] ‚Wyl' dagegen ist eine typische Endung für schweizerische Ortsnamen.[5]

Doch dieser wunderschöne Fleck auf Erden hat einige Makel. Die Stadt Seldwyla befindet sich auf demselben Stand „wie vor dreihundert Jahren"[6] und blieb somit „immer das gleiche Nest".[7] Eingeschnürt und isoliert von ihren Stadtmauern ist ein Eindringen der restlichen Welt nahezu unmöglich. Jeglicher Fortschritt bleibt außen vor und die Seldwyler leben ihr gemütliches Leben wie eh und je. Schon der „Gründer der Stadt"[8] sorgte dafür, dass die Einwohner vor jeglichen fremden Kontakt geschützt bleiben werden. Liegt sie doch „eine gute halbe Stunde von einem schiffbaren Flusse"[9] entfernt. Daher ist es kein Wunder, dass sich in ihr eine Art eigener Staat entwickelte, der über die Jahre komische Formen angenommen hat.

Obwohl die Stadt über beachtliche Wälder an den Bergen verfügt, deren Abholzung ihr reichlich Geld einbringt, sind die Bürger sehr arm. Dieser starke Kontrast hat eine einfache Erklärung. Die jungen Menschen in Seldwyla, die Seldwylas „Herrlichkeit"[10] darstellen, betreiben einen „trefflichen Schuldenverkehr[…]".[11] Dieser verleiht ihnen zwar die Macht, doch treibt die gesamte Bevölkerung unausweichlich in die Armut. Die Flucht erscheint hier als die einzige Möglichkeit, um aus diesem „unveränderliche[n] Kreislauf der Dinge"[12] auszubrechen.

---

[1] Keller, Gottfried: Die Leute von Seldwyla. Stuttgart: Reclam 1993. S. 7.
[2] Ebd.
[3] Ebd.
[4] Vgl. S. 593.
[5] Vgl. S. 593.
[6] Ebd. S. 7.
[7] Ebd.
[8] Ebd.
[9] Ebd.
[10] Ebd.
[11] Ebd.
[12] Keller, G.: Die Leute von Seldwyla. S. 8.

2.1 Nahe der Stadtmauer

In dieser scheinbaren Idylle lebt auch Pankraz, Sohn einer Witwe, deren Mann ihr neben den zwei Kindern noch ein „kleines baufälliges Häuschen"[13] hinterließ. Dieses liegt „auf einem stillen Seitenplätzchen, nahe an der Stadtmauer".[14] Seit dem Tod des Ernährers hat die Familie den Platz am Rande der Gesellschaft nicht nur örtlich, sondern auch sozial gesehen angenommen, von dem ein Weggehen unmöglich scheint. Auf der einen Seite sind die Stadtmauern, die sie vor dem völligen Ausschluss schützen, auf der anderen eine Bevölkerung, der sie nicht mehr angehören. Mit dem „Witwengehalt"[15] und den „Spinnrocken"[16] versucht die Mutter wenigstens halbwegs ihre zwei Sprösslinge zu versorgen. Das funktioniert bei Pankraz' Schwester Esterchen, doch der zwei Jahre ältere Bruder scheint einen nicht enden wollenden Appetit zu besitzen.

Doch anstatt den „Kartoffelacker vor dem Tore"[17] zu bearbeiten um zukünftige Kartoffelbreimahlzeiten sicherzustellen, verbringt Pankraz seine Tage auf Erden entweder mit Schlafen, dem Lesen „in einem zerrissenen Geschichts- und Geographiebuche"[18], dem Beobachten der Sterne, Wanderungen und später auch mit Schlägereien. Das endlose Studieren des zerrissenen Geschichts- und Geographiebuchs deutet schon an, dass ein weiteres Verweilen in seiner Heimat nicht in seiner Planung vorgesehen ist. Ganz nebenbei legt es die Grundlagen in seinem Verstand, um sich später orientieren zu können. Auch der allabendliche Ausflug auf den menschenleeren Berg, welcher häufig benutzt wird, um große „Schlachtheere[...]"[19] zu lenken, ist sowohl ein offensichtliches Zeichen für den Freiheitsdrang des Vierzehnjährigen, als auch ein Hinweis auf die Begeisterung für das Militär mit seiner Ordnung. So wird man später sehen, dass er keineswegs faul ist. Vielleicht hielt ihn in Seldwyla nur diese allgegenwärtige Gemütlichkeit und das Nichtwissen, wofür eigentlich arbeiten, davon ab, sich einer Arbeit anzuschließen. Pankraz sucht nach einer „militärische[n] Regelmäßigkeit"[20], die ihm den Weg weist. Er braucht die Herausforderung. Die findet er anfangs auch. Doch nach der ersten Niederlage im Kampfe ist eine Neuorientierung und

---

[13] Ebd. S. 11.
[14] Ebd.
[15] Ebd.
[16] Ebd.
[17] Ebd.
[18] Ebd. S. 12.
[19] Ebd.
[20] Keller, G.: Die Leute von Seldwyla. S. 13.

Verbesserung seiner Fähigkeiten notwendig, um seiner stetig wachsenden Unzufriedenheit entgegenzuwirken.

Die Flucht von Zuhause ist eine klare Notwendigkeit und erfolgt aus „höchst objektive[n] und höchst subjektive[n]"[21] Gründen. Sie stellt gleichsam „einen entscheidenden Schritt in das Leben"[22] und „ein gefährliches Zurückweichen vor dem Leben"[23] dar. So verschwand Pankraz eines Tages und blieb für die nächsten 15 Jahre seinem Zuhause fern.

---

[21] Richter, Hans: Gottfried Kellers frühe Novellen. Berlin: Rütten & Loening 1960. S. 85.
[22] Ebd.
[23] Ebd.

3 Auf zu neuen Ufern

Es war tiefste Nacht, als Pankraz aufbricht. So kann er sich absolut sicher sein, dass sein Unternehmen wenigstens bis zum nächsten Morgen unentdeckt bleibt. Sieben Stunden läuft er von Seldwyla Richtung Norden. In den Morgenstunden schließt er sich einer Gruppe Menschen an, „die auf einer großen Wiese Heu machten".[24] Dort arbeitet er „wie ein Besessener"[25], was überrascht, kannte Pankraz das Wort ‚Arbeiten' bis dahin nicht. Anscheinend treibt ihn der Hunger, aber vielleicht auch die militärisch anmutende Menge, die wie eine abgestellte Kompanie die Wiese bearbeitete, zum Mithelfen.

Trotzdem gibt er diese Arbeit bereits nach dem Mittagessen wieder auf. Er strebt nach mehr und setzt gesättigt seine Wanderung fort. Angekommen an einer „entlegene[n] Stelle am Rhein"[26], kommt es ihm sehr entgegen, dass ein Schiff in Nöte geraten war. Auch hier kann er wieder anpacken, seiner Kraft sei Dank, und erhält als Belohnung die Überfahrt zum anderen Ufer, was ein Fortsetzen der Reise möglich macht.

Schließlich kommt er nach etwas „mehr als zwei Monaten nach Hamburg".[27] Die Hansestadt war schon Ende des 18. Jahrhunderts eine Großstadt mit über 100.000 Einwohnern[28], und ihr Hafen gilt nicht nur heute als „das Tor zur Welt".[29] Und wie sich später zeigen wird, ist er auch für Pankraz das ‚Tor zur Welt'. Von hier aus beginnt seine Weltreise, doch vorab lernt er auf „einem englischen Kauffahrer"[30] das Zusammensetzen von Waffen, was seiner späteren Tätigkeit als Soldat hilfreich zugute kommt.

---

[24] Keller, G.: Die Leute von Seldwyla. S. 24.
[25] Ebd.
[26] Ebd. S. 25.
[27] Ebd. S. 26.
[28] Vgl. http://de.wikipedia.org/wiki/Geschichte_Hamburgs
[29] Vgl. http://fhh.hamburg.de/stadt/Aktuell/senat/welt/start.html
[30] Keller, G.: Die Leute von Seldwyla. S. 27.

3.1 Die Neue Welt

Mit dem Schiff, auf dem er arbeitet, begibt er sich schließlich auf die Reise über den großen Teich Richtung modernen Westen. Doch Keller schenkt der „Neuen Welt"[31] nur magere zehn Zeilen Beachtung und damit nicht wesentlich mehr als Pankraz selbst. Wie später Indien stellt Amerika die Grenze der zivilisierten Welt, die die Europäer bis dato erobert hatten, dar. Seit 1783 waren die USA unabhängig vom British Empire und gleichzeitig der Innbegriff für ein freies und demokratisches Land.[32] Allerdings sagt Pankraz selbiges dort überhaupt nicht zu. Er stellt zwar fest, dass das amerikanische Leben ihm „eigentlich nun recht hätte zusagen müssen, da hier jeder tat, was er wollte"[33], doch diese Ziellosigkeit und freie Unordnung scheint dem, der „einen strengen Sinn für militärische Regelmäßigkeit"[34] hat, nicht zuzusagen.

Somit „sputet[…]"[35] Pankraz schnell wieder zurück zum Schiff und begibt sich auf die lange Reise in „das uralte heiße Indien".[36] Das englische Schiff nimmt dabei höchstwahrscheinlich den Weg um den Afrikanischen Kontinent herum, da der Suezkanal erst ab 1869 für britische Schiffe geöffnet sein wird.[37] Derzeit befindet sich Pankraz aber erst am Ende der 30er Jahre des 19. Jahrhunderts.

---

[31] Keller, G.: Die Leute von Seldwyla. S. 28.
[32] Vgl. Microsoft Encarta Enzyklopädie Professional 2004. Stichwort ‚USA'
[33] Keller, G.: Die Leute von Seldwyla. S. 27.
[34] Ebd. S. 13.
[35] Ebd. S. 28.
[36] Ebd.
[37] Vgl. Lenze, Franz: Mutter des Imperiums. Hamburg: Gruner + Jahr AG 2005. S. 145.

4 Das heiße Indien

Als „stiller englischer Soldat"[38] kommt Pankraz in Ostindien, einer völlig anderen, exotischen, neuen Welt, an. Dabei ist unter ‚Ostindien' nicht zwangsläufig der Osten Indiens zu verstehen, worauf Bernd Neumann in den Anmerkungen hinweist.[39] Seit 1805 hatte England die Vorherrschaft in Indien dank der Ostindien-Kompanie, der nun auch Pankraz angehört, inne.[40] Dieses „uralte"[41] und „heiße"[42] Land scheint Pankraz eher zu reizen, als das 1492 für Indien gehaltene Amerika. Das ‚uralte' kommt ihm entgegen, mag er doch den Kampf Mann gegen Mann und ein klar strukturiertes Leben so sehr. Auch das ‚heiße' kann doppeldeutig betrachtet werden. Denn nicht nur das Klima dürfte eine Umstellung für Pankraz bedeuten, sondern vielmehr auch die bald entflammende Liebe zu Lydia. Nicht umsonst nennt Bernd Neumann Indien das „Land der Triebe".[43]

Aus Pankrazius wird schnell ein „ganz ordentlicher [...] Soldat"[44], der sich innerhalb eines Jahres zum Unteroffizier mausert. Den Großteil seiner Zeit bringt er nun im Bureau des Regimentskommandeurs zu. „Der Kommandeur hat[...] eine reizvolle luftige Wohnung [...], die außerhalb der Stadt in einem ganz mit Palmen [...] und anderen Bäumen angefüllten Tale"[45] liegt. Umgeben wird „das leichte weiße Haus"[46] von Gärten, in denen Gemüse und allerlei Blumen prächtig gedeihen.

Seit der Ankunft auf dem Anwesen des Kommandeurs, der Lydias Vater ist, beginnt Gottfried Keller verstärkt das Mittel der ‚Natursymbolik' in den Text einzuflechten. Gegenstände und Lebewesen haben keinen zufälligen Platz gefunden, sondern sind bewusst gewählt, um die inneren Zustände des Pankraz an der Natur und der Umgebung zu veranschaulichen. Eine Parallelität zwischen äußerem Erscheinen und innerlicher Entwicklung entsteht. Nicht nur das ‚weiße' unschuldige Haus ‚außerhalb' der Stadt, auch das Wachsen der Pflanzen schaffen geradezu eine paradiesische Atmosphäre. Später wird das Paradies – der Garten Eden – durch den Auftritt der

---

[38] Keller, G.: Die Leute von Seldwyla. S. 28.
[39] Vgl. S. 596.
[40] Vgl. Knaurs Neuer Historischer Weltatlas: Indien unter britischer Herrschaft. 1805 bis 1931. München: Droemer, Knaur 1992. S. 234.
[41] Keller, G.: Die Leute von Seldwyla. S. 28.
[42] Ebd.
[43] Neumann, Bernd: Gottfried Keller. Eine Einführung in sein Werk. Königstein: Langewiesche 1982.   S. 125.
[44] Keller, G.: Die Leute von Seldwyla. S. 28.
[45] Ebd. S. 30.
[46] Ebd.

Lydia komplettiert. Auch die Palmen rufen biblische Konnotationen hervor. So betrat Jesus von Nazareth Jerusalem auf Palmenwedeln. Da passt es hervorragend ins Gesamtbild, dass ausgerechnet der Soldat Pankraz sich um die Pflege des Gartens kümmert.

Eine herausfordernde Abwechslung schafft er sich mit der Jagd auf ‚wilde' Tiere. Denn „gleich hinter dem Tale begann eine wilde unfruchtbare Landschaft"[47], die den Garten deutlich von außen abgrenzt.

So ziehen fünf Jahre ins Land, und Pankraz ist zum „Soldat[en], Verwaltungsmann, Gärtner, Jäger, Hausfreund und Zeitvertreiber"[48] geworden. Dann plötzlich soll Pankraz' Regiment nach England zurückgehen, doch Lydias Vater veranlasste seine Verlegung in das, welches in Indien ankommt. Dieser Schachzug mag ein Zufall sein, wäre da nicht die Tatsache, dass zur gleichen Zeit des Gouverneurs[49] Tochter aus Irland nach Indien kommt.

Hier wie auch im gesamten Text verfährt Keller mit dem Leser fremden Ländern recht stereotypisch. Amerika war ein freies Land, in dem jeder machte, was er wollte. Indien ist uralt, heiß und exotisch. Des Gouverneurs Familie stammt aus Irland, welches für seine kühle, natürliche und raue Art bekannt ist. Dies wird Lydia auch später unter Beweis stellen. Auch die restlichen Schauplätze erfüllen die typischen Erwartungen des Lesers und stehen somit im direkten Zusammenhang mit der Handlung.[50]

---

[47] Keller, G.: Die Leute von Seldwyla. S. 30.
[48] Ebd. S. 31.
[49] Der Kommandeur wurde zum Gouverneur des ganzen Landstriches. Vgl. S. 31.
[50] Vgl. Talgeri, Pramod: Schmollen als verfremdete Entfremdung. Fremde als Kulisse – Fremde als Freiraum. Pankraz' Reisen in die Fremde. München: iudicium 1992. S. 503.

4.1 Lydia

Ihr Name kommt aus dem Lateinischen und bezeichnet eine Landschaft der kleinasiatischen Westküste. Dieses Gebiet gehört heute zum westlichen Teil des asiatischen Teils der Türkei.[51] „Es war berühmt wegen seines fruchtbaren Bodens, der reichen Gold- und Silbervorkommen und seiner prächtigen Hauptstadt Sardes".[52] Somit ist es keine Überraschung, dass Pankraz Interesse an ihr findet. Christian Müller macht zusätzlich noch auf eine weitere Parallelität aufmerksam. „Der (eis)heilige Namenspatron des Pankraz stammt [...] aus Phrygien".[53] Es grenzte im Westen an Lydien. „Großphrygien bestand überwiegend aus einer dürren Hochebene mit einem fruchtbaren Gebiet im Tal des Sangarius."[54] Dies würde auf den Charakter des Pankraz passen, der äußerlich nicht sehr ansehnlich ist, dafür im tiefsten Inneren ein ganzer Mensch ist. Ob Keller allerdings diese landschaftliche Charakteristik bekannt war, ist nicht gesichert. Doch allein schon die Nachbarschaft beider Landschaften ist bewusst gewählt für das ‚scheinbare' Liebespaar. Diese Vermutung stützt auch Gerhard Kaiser, der an einer Geschichte aus der Mythologie eine weitere Parallele ausmacht. „Omphale, ausgerechnet Königin von Lydien, hat einst den Helden Herakles so versklavt, daß er die Keule weglegt und sich in Weiberkleidern an den Spinnrocken setzt".[55] Und wie der spätere Verlauf der vermeintlichen Liebesgeschichte zeigen wird, existiert hier wirklich eine Ähnlichkeit.

Soweit ist es allerdings noch nicht. Schließlich verspürt Pankraz seit seiner Jugend eine Abscheu gegenüber dem „Weibervolk".[56] Schon früh entzog er sich den Liebkosungen der Mutter, und mit seiner Schwester stand er im ständigen Duell. Doch Lydia sorgt dafür, dass seine Meinung über Frauen sich ins Positive verwandelt und ihm ihr Dasein Gefallen bereitet.

---

[51] Vgl. http://de.wikipedia.org/wiki/Bild:Asia_minor_p20.jpg
[52] Microsoft Encarta Enzyklopädie Professional 2004. Stichwort ‚Lydien'
[53] Müller, Christian: Subjektkonstituierung in einer kontingenten Welt. Erfahrungen zweier Afrika-Heimkehrer – Gottfried Kellers „Pankraz, der Schmoller" und Wilhelm Raabes „Abu Telfan". Tübingen: Niemeyer 2002. S. 93.
[54] Microsoft Encarta Enzyklopädie Professional 2004. Stichwort ‚Phrygien'
[55] Kaiser, Gerhard: Gottfried Keller. Das gedichtete Leben. Frankfurt am Main: Insel 1981. S. 291.
[56] Keller, G.: Die Leute von Seldwyla. S. 34.

Ihre erste Begegnung findet unter „schattigen Bäumen"[57] statt. Bei ihrem ersten Vorbeikommen hat Lydia „ein kleines Körbchen voll roter Kirschen"[58] dabei. Beim zweiten Mal kommt sie und beginnt ein „Rosenbäumchen"[59] zu säubern. Beides sind Produkte von Mutter Natur, die man mit ‚Liebe' in Verbindung bringt, doch sowohl die Kirsche mit ihrem Kern, als auch die Rose mit ihren Dornen, können schmerzhaft sein. Hier deutet Keller erneut Zukünftiges an. Seit dieser Begegnung war Pankraz in sie verliebt. Noch am selben Abend zieht er in die Wildnis mit seiner „Doppelbüchse"[60], vergisst allerdings die Tiere, die ihm vor das Gewehr laufen, niederzustrecken.

Ohne ein Näherkommen verging mehr als ein halbes Jahr. In dieser Zeit wurde er zu einem „Nachtwandler, von Träumen so voll hängend wie ein Baum voll Äpfel".[61] Und wie in der Geschichte von Adam & Eva ist es nur eine Frage der Zeit, bis sie ihm den ‚Apfel' reicht.

Es kommt zum großen Finale in Indien. Nachdem Pankraz eigentlich plante, sich seiner Kompanie, da England in den Krieg mit indischen Völkern geraten ist, wieder anzuschließen, offenbart ihm Lydia indirekt ihre Gefühle für ihn.

Direkter äußert sie sich dann „in einem schlanken Rosenwäldchen".[62] Dieses Wäldchen voller verliebter Rosen zog Pankraz selbst hoch. Sie wuchsen sehr dicht wie seine Liebe zu Lydia und haben mittlerweile „die Höhe des Gesichtes"[63] erreicht. Also genau bis zu der Höhe, um mit Lydia ernsthaft über seine Liebe zu sprechen. Doch es war schon zu spät. Eine Liebe gab es nie. Lydia, „einige Rosen brechend"[64], spielte mit ihm nur ein Spiel, und er ist der Hereingefallene, der den Apfel essen muss, indem er sich ihr offenbart.

---

[57] Keller, G.: Die Leute von Seldwyla. S. 37.
[58] Ebd.
[59] Ebd.
[60] Ebd.
[61] Ebd. S. 43-44.
[62] Ebd. S. 46.
[63] Ebd.
[64] Ebd.

Die Wahrheit kommt an einer „Stätte, wo ein oder zwei Dutzend Orangenbäume"[65] stehen, heraus. Beide haben das Rosenwäldchen verlassen, und an diesem Ort werden Pankraz' Liebeswünsche pulverisiert. Er beißt sozusagen in die noch unreifen Zitrusfrüchte und erfüllt Lydia den Wunsch, den „alles Beherrschende[n]"[66] stolpern zu sehen.

Noch in derselben Nacht bricht er auf und schließt sich dem Regiment an, welches an den Kämpfen mit „wilden Bergstämmen an der äußersten Grenze des indobritischen Reiches"[67] teilnimmt.

Auch diese Kampfeshandlungen haben einen historischen Hintergrund. In den Jahren 1845 und 1848-49 kämpfte ‚British India' gegen den Militärstaat der Sikhs im Staat Punjab, welcher im Nordwesten Indiens liegt. Ergebnis dieser Handlungen ist die komplette Annexion des Sikhs Gebietes.[68]

Da während dieses Feldzuges viele Offiziere gefallen sind, wird Pankraz erst Leutnant und später Kapitän. So vergehen etwa zwei Jahre, in denen er hauptsächlich damit beschäftigt ist, „das Verbrennen der indischen Weiber zu verhüten".[69] Dies hatten die Engländer nämlich 1829 verboten.[70] Der Anblick der Frauen, die „zu Ehren der Gattentreue"[71] sich verbrennen, löste in ihm eine neue Sehnsucht nach Lydia aus.

So ergibt er sich einer neuen Einbildung. Jetzt möchte Pankraz Lydia zur Frau nehmen und begibt sich zurück zum Gouverneur. Doch dieses Vorhaben scheitert und er entschließt sich heimzukehren.

---

[65] Ebd. S. 47.
[66] Keller, G.: Die Leute von Seldwyla. S. 594.
[67] Ebd. S. 54.
[68] Vgl. McCord, Norman: India. New York: Oxford University Press 1991. S. 207.
[69] Keller, G.: Die Leute von Seldwyla. S. 55.
[70] Vgl. Richter, H.: Gottfried Kellers frühe Novellen. S. 78.
[71] Keller, G.: Die Leute von Seldwyla. S. 55.

5 Paris

Auf seiner Heimreise gelangt Pankraz etwa Anfang der 50er Jahre nach Paris. Wie heute war Paris schon damals als kulturelles Zentrum berühmt. Pankraz spricht davon, wie er „von Theater zu Theater"[72] geht. Neben London war Paris eine der größten Städte Europas und im Gegensatz zur englischen Metropole war Paris wesentlich ansehnlicher. „Paris hat seine Schlösser und seine Champs-Élysées, die 1828 zum Prachtboulevard ausgebaut worden sind, es hat seinen Triumphbogen als Ausdruck kriegerischer Macht".[73] Schließlich war bis vor wenigen Jahrzehnten Europa noch in der Hand Frankreichs, bis Napoleons Feldzug in Waterloo sein Ende fand. Der Reiz der Stadt der Liebenden blieb erhalten. So zog es ganze Scharen von Autoren (u.a. Heinrich Heine) in die Metropole, die als Barometer für die Entwicklung ganz Europas galt. Man denke dabei nur an die Auswirkungen, die die Französische Revolution nach sich zog.

Hier hält sich Pankraz einige Wochen auf, doch die „recht viel[en] hübsche[n] Frauengesichter"[74] lassen die Sehnsucht nach Lydia wieder aufwachen. Um diesem Gefühl nicht nachzugeben, sucht er eine neue Gefahr und entschließt sich, der „französisch-afrikanischen Armee"[75] beizutreten.

6 Das heiße Afrika

Von Paris gelangt Pankraz nach Algier, der Hauptstadt Algeriens, welche im Norden am Mittelmeer liegt. Nach Indien gelingt es Keller mit der Wahl Afrikas, erneut maximale Fremdheit zu erzeugen. Beide sind sowohl für den heutigen Menschen, als auch – und gerade – für den damaligen Menschen der Innbegriff für Exotik und Unbekanntes. Die Franzosen landeten bereits 1830 in Algerien und „eroberten und besiedelten das Land nach langen, harten Kämpfen".[76] Pankraz erwähnt auch die Kämpfe mit den Kabylen, die zu Beginn der 50er Jahren stattfinden.[77] Doch auch abseits der Gefahr der Kämpfe wird es sehr gefährlich für den jungen Schweizer.

---

[72] Keller, G.: Die Leute von Seldwyla. S. 58.
[73] Lenze, F.: Mutter des Imperiums. S. 149.
[74] Keller, G.: Die Leute von Seldwyla. S. 58.
[75] Ebd. S. 58-59.
[76] Knaurs Neuer Historischer Weltatlas: Afrika vor der Aufteilung durch die europäischen Mächte 1800 bis 1880. S. 238.
[77] Vgl. Richter, H.: Gottfried Kellers frühe Novellen. S. 78.

6.1 Der Löwe Lydia

Pankraz, mittlerweile Oberst geworden, vergnügt sich neben seinen Pflichten als Soldat mit der Löwenjagd.

So kommt es, dass er die Bekanntschaft eines besonders „durchtriebene[n] Geselle[n]"[78] macht. Pankraz beobachtete ihn schon eine ganze Weile, doch gelang es ihm noch nicht, ihn zu erledigen. Eines Tages stößt er auf der Suche nach ihm „an den Rand einer Schlucht"[79], die ihm zum Verhängnis wird. Die Schlucht entpuppt sich als ,Abgrund', an den ihn die Sehnsucht nach Lydia trieb und nun sein Leben zu enden droht. Nur kurz erfrischt er sich an einem Bach. Die „rosenroten Blüten"[80] des „Oleandergebüsch[es]"[81] erinnern ihn an den Rosengarten, in dem ihm Lydia den Kopf verdrehte.[82] In Gedanken versunken, lauert ihm der Löwe auf. Die Lage scheint aussichtslos. Wieder hat ihn Lydia in ein Unheil gestürzt, das er jetzt mit dem Leben bezahlen könnte. „Pankraz begegnet im Löwen Lydia, deren ,Wucht ihrer Locken' mit der Löwenmähne des männlichen Tieres korrespondiert".[83] Stundenlang harren beide aus, bis der Löwe von zwei Soldaten überrascht und schließlich von allen dreien getötet wird. Zwar brauchte Pankraz Hilfe, um ihn zu erlegen, doch die Gedanken an Lydia waren seither verschwunden. Auch diese Szene hat, wie Helmut Pfotenhauer deutlich macht, einen biblischen Hintergrund. „Er [Pankraz] steht, so heißt es, wie das Weib des Loth vor Sodom, das Gebot des Vorwärts, der Abkehr vom Laster mißachtend und sich diesem erneut zuwendend".[84] Wie sie wendet sich Pankraz erneut Lydia zu und wäre dabei fast getötet worden.

[78] Keller, G.: Die Leute von Seldwyla. S. 60.
[79] Ebd. S. 61.
[80] Ebd.
[81] Ebd.
[82] Vgl. Pfotenhauer, Helmut: Die Wiederkehr der Einbildungen: Kellers Pankraz der Schmoller. Würzburg: Königshausen & Neumann 2000. S. 178.
[83] Müller, Christian: Subjektkonstituierung in einer kontingenten Welt. S. 97.
[84] Pfotenhauer, H.: Die Wiederkehr der Einbildungen. S. 180.

7 Die Rückkehr

Vier Monate nach dem Kampf mit dem Löwen und 15 Jahre nach seiner Flucht kehrt Pankrazius wieder zurück nach Seldwyla. Überraschend für Mutter und Schwester, doch nicht für den Leser kommt er heim. Es ist ein „heller schöner Sommernachmittag"[85] in Seldwyla, was zu dem ‚bekehrten' und gereinigten Pankraz passt. Schließlich ist er geheilt von der Schmollerei. Doch bevor er auftritt, kündigt Keller seine Ankommen erst explizit an. So erscheint zuerst „ein fremder Leiermann"[86], der ein „sehnsüchtiges Lied von der Ferne"[87] spielt. Als nächstes kommt ein Herumtreiber mit einem „Adler aus Amerika".[88] Der Adler gilt als der König der Vögel, doch sein Besitzer hält ihn in einem Käfig. Hier zeichnet Keller die Parallele zum misslungenen Amerikaaufenthalt von Pankraz. Als drittes erscheint „ein ganzer Bärentanz"[89] mit einem „mächtige[n] Kamel"[90], welches „von mehreren Affen bewohnt"[91] wird. Auch hier kann man deuten, dass das Kamel für Lydia steht, die von einer Reihe Männer belagert wird. Begleitet wird der Zug von einem Bären mit Nasenring, in dem auch die Mutter ihren Sohn sieht. Doch die Trauer endet schnell, als dann endlich Pankraz, als „Klimax des Exotischen"[92], in Seldwyla erscheint.

7.1 Der Ausbruch aus dem Kreislauf

Wieder angekommen in Seldwyla, durchbricht Pankraz den „unveränderliche[n] Kreislauf der Dinge"[93] und zieht in den „Hauptort des Kantons"[94], wo er ein „nützlicher Mann"[95] wird. Somit bleibt ihm ein Ende, wie es allen Älteren in Seldwyla unausweichlich bevorsteht, erspart.

---

[85] Keller, G.: Die Leute von Seldwyla. S. 16.
[86] Ebd. S. 17.
[87] Ebd.
[88] Ebd.
[89] Ebd. S. 18.
[90] Ebd.
[91] Ebd.
[92] Pfotenhauer, H.: Die Wiederkehr der Einbildungen. S. 178.
[93] Keller, G.: Die Leute von Seldwyla. S. 8.
[94] Ebd. S. 63.
[95] Keller, G.: Die Leute von Seldwyla. S. 64.

8 Schluss

Gottfried Kellers Novelle „Pankraz, der Schmoller" erweist sich als weit mehr, als nur als eine Bildungsgeschichte. Für seine Entwicklung zum ‚guten' Menschen lässt Keller ihn eine Weltreise durchführen, deren Orte entscheidenden Einfluss auf Pankraz nehmen. Dabei geht es weniger um die Kultur der einzelnen Schauplätze. Diese nimmt Pankraz nahezu überhaupt nicht wahr. Vielmehr ist die natürliche Umgebung Indikator für das, was passieren wird bzw. gerade passiert. Hier spricht man von ‚Natursymbolik'. Sie bezeichnet nicht nur die konkreten, anschaulichen Erscheinungen der Natur, sondern es schwingen auch immer symbolische Inhalte mit, die man mit ihnen assoziiert. Es werden also Vorgänge der Handlung, als auch der Personen an ihr [der Natur] aufgezeigt.

Die Schauplätze im Allgemeinen werden dabei sehr stereotypisch von Keller gehandhabt. Das unterstützt die Vorstellungen des Lesers, da diese Erwartungen schon in ihm verankert sind.

9 Bibliographie

Quellen

1. Gottfried Keller. Die Leute von Seldwyla. Hrsg. von Bernd Neumann. Stuttgart: Reclam 1993.

Forschungsliteratur

2. Geschichte Hamburgs. http://de.wikipedia.org/wiki/Geschichte_Hamburgs (15.03.06).

3. Kaiser, Gerhard: Gottfried Keller. Das gedichtete Leben. Frankfurt am Main: Insel 1981.

4. Kleinasien in der Antike. http://de.wikipedia.org/wiki/Bild:Asia_minor_p20.jpg (15.03.06).

5. Knaurs Neuer Historischer Weltatlas. Hrsg. von Geoffrey Barraclough. 4. Auflage. München: Droemer, Knaur 1992.

6. Lenze, Franz: Mutter des Imperiums. In: Geo Epoche. London. Hrsg. von Peter-Matthias Gaede. Hamburg: Gruner + Jahr AG 2005. S. 140-153.

7. McCord, Norman: British History 1815-1906. New York: Oxford University Press 1991 (= The Short Oxford History of the Modern World).

8. Microsoft Encarta Enzyklopädie Professional 2004. Hrsg. von Microsoft Corporation. Redmond: 2003.

9. Mohaupt, Dr. Lutz: Hamburg in der Welt. http://fhh.hamburg.de/stadt/Aktuell/senat/welt/start.html (15.03.06).

10. Müller, Christian: Subjektkonstituierung in einer kontingenten Welt. Erfahrungen zweier Afrika-Heimkehrer – Gottfried Kellers „Pankraz, der Schmoller" und Wilhelm Raabes „Abu Telfan". In: Jahrbuch der Raabe Gesellschaft. Hrsg. von Ulf-Michael Schneider u. Silvia Serena Tschopp. Tübingen: Niemeyer 2002. S. 82-110.

11. Neumann, Bernd: Gottfried Keller. Eine Einführung in sein Werk. Königstein: Langewiesche 1982.

12. Pfotenhauer, Helmut: Die Wiederkehr der Einbildungen. Kellers Pankraz der Schmoller. In: Sprachbilder. Untersuchungen zur Literatur seit dem achtzehnten Jahrhundert. Hrsg. von Helmut Pfotenhauer. Würzburg: Königshausen & Neumann 2000. S. 175-185.

13. Richter, Hans: Pankraz, der Schmoller. In: Gottfried Kellers frühe Novellen. Hrsg. von Dr. Hans Kaufmann u. Dr. Hans-Günther Thalheim. Berlin: Rütten & Loening 1960 (= Germanistische Studien). S. 77-97.

14. Talgeri, Pramod: Schmollen als verfremdete Entfremdung. Fremde als Kulisse – Fremde als Freiraum. Pankraz' Reisen in die Fremde. In: Jahrbuch Deutsch als Fremdsprache 18 (1992). S. 500-505.